DEUTSCHE SOLDATEN IM KRIEG

DIE BUNDESWEHR IN AFGHANISTAN

DEUTSCHE SOLDATEN IM KRIEG

DIE BUNDESWEHR IN AFGHANISTAN

Eine Bilddokumentation

Mit einem Text von Stefan Kornelius

Fackelträger

DIE BUNDESWEHR IN AFGHANISTAN

Die Bundeswehr führt seit 2002 das Regionalkommando Nord in Afghanistan. Die Soldaten der internationalen Schutztruppe ISAF (»International Security Assistance Force«) haben das Land in vier Regionen aufgeteilt, die von verschiedenen Verbänden und Nationen gesichert werden. Alle Verbände sind auch in der Hauptstadt Kabul vertreten, die eigentlichen Militärlager der Bundeswehr befinden sich in Mazar-i-Sharif (Tornado-Basis), Kunduz, Taloqan und Faisabad.
Die Bundeswehrsoldaten werden über die usbekische Stadt Termes eingeflogen, von dort geht es mit kleineren Maschinen in die einzelnen Feldlager. Die Nähe zur pakistanischen Grenze gilt als großes Problem, da die Taliban den Norden Pakistans als Rückzugs-, Ausbildungs- und Rekrutierungsgebiet nutzen und von dort aus ihre Angriffe vorbereiten. Vor allem die Nachschubroute von Peshawar in Pakistan über den Khyber-Pass nach Jalalabad in Afghanistan ist oftmals Ziel der Taliban.

USBEKISTAN
TADSCHIKISTAN
CHINA
PAKISTAN
INDIEN
Duschanbe
Kofarnihon
Denau
Khovaling
Kuljab
Gowurdak
Qurghonteppa
Termes
Pjadsh
Keleft
Hairatan
JOWSCHAN
Aqchah
Shibarghan
Mazar-i-Sharif
NORD
Ayvach
Khulm
Shir Khan
Rustak
KUNDUZ
Kunduz
Taloqan (PAT)
TAKHAR
Faisabad
BADAKHSHAN
Iskasim
Chorog
Pamir
Wakhan-Korridor
Ab Gach
Lasht
Murghob
Taxkorgan
Aijiekebayi
Khunjerab-Pass
Nowshak
Hindukusch
Sar-i Pul
BALCH
Aibak
Baghlan
SAMANGAN
Pul-i-Khumri
BAGHLAN
Anjuman-Pass
Chitral
Gilgit
Kalam
SAR-I PUL
Kunduz
Salang-Pass
Bazarak
NURISTAN
Parun
PARWAN
KAPISA
Charikar
Mahmud-e Raqi
Nuristan
KUNAR
BAMIAN
Bamian
Shibar-Pass
KABUL
LAGHMAN
Mingaora
Harirud
Kabul
Jalalabad
WARDAK
Maidan Shahr
NANGAHAR
Tor Kham
Khyber-Pass
Tora Bora
Landi Kotal
Mardan
Muzaffarabad
Srinagar
Peshawar
LOGAR
Parachinar
Islamabad
Rawalpindi
DAIKONDI
Nihi
OST
Gardez
Kohat
Ghazni
PAKTIA
KHOST
Thal
GHAZNI
Khost
Sharan
Miram Shah
Bannu
Jhelum
Jammu
ORUZGAN
Tarin Kot
Arghandab
Gujrat
Sialkot
ZABUL
PAKTIKA
Wana
Tank
Gujranwala
Sargodha
Indus
Qalat
Amritsar
Kandahar
Dera Ismail Khan
Lahore
Faisalabad
Zhob
Spin Boldak
Chaman
Khojak-Pass
Zhob
Quetta
Khost
Multan
Dera Ghazi Khan
Sibi
Bahawalpur
Internationale Grenze
Grenze der ISAF-Zonen
Schnellstraße
Straße
Eisenbahn
Kanal
Hauptstadt
Flughafen
0
50
100
150 km

Ich selbst verstehe jeden Soldaten, der sagt: »In Afghanistan ist Krieg, egal ob ich nun von ausländischen Streitkräften oder von Taliban-Terroristen angegriffen, verwundet oder getötet werde.«

Karl-Theodor zu Guttenberg, Verteidigungsminister

IM LAND DES UNFRIEDENS

Von Stefan Kornelius

Afghanistan ist ein Faltenland. Wer immer nach Afghanistan einfliegt, der schaut fasziniert auf die kunstvolle Sequenz von Hügeln und Gebirgsketten, von Gipfeln und Tälern, von Plateaus und Senken. Soldaten kennen das gefurchte, narbige Antlitz ihres Einsatzgebietes, weil sie mindestens zweimal darüber hinwegfliegen: einmal auf dem Weg in ihr Lager und das zweite Mal, wenn sie das Lager wieder verlassen. Glücklich, wer dann von Süden oder Westen aus nach Afghanistan kommt. Der überfliegt etwa die Sistan-Ebene mit ihren Salzsümpfen, ehe die fingerartigen Ausläufer des Hindukusch wie feindliche Tentakel in die Landschaft greifen und in schroffen Formationen auf über 7000 Meter ansteigen. Plötzlich ist sie zu verstehen, die Unbeherrschbarkeit der Landschaft.

Afghanistan ist monumental, besonders in den südlichen Ausläufern des Hindukusch-Massivs. Von oben betrachtet ein lebloser Flecken Erde, wie ein Labyrinth aus Stein und Lehm. Wer von Norden kommt und den Hindukusch nicht überquert, vielleicht weil er in Kunduz landet, der sieht wenigstens die Farbenvielfalt im Tiefland von Turan, die Schattierungen von Schwarz, Braun und Ocker, die Abstufungen des Grüns im Frühling, die schillernde Farbenvielfalt des Staubs, der im Sommer über der Landschaft liegt. Afghanistan ist ein Naturereignis, eine unbezähmbare Wildnis, ein grandioses Schauspiel aus Furchen und Schatten.

Nur vergleichsweise wenige Soldaten dringen ein in die Landschaft, erkunden die Täler und Höhenzüge, hangeln sich mit dem Hubschrauber von Bergrücken zu Bergrücken. Häufig bleibt ihnen selbst dann nur der Blick durch einen Sehschlitz im gepanzerten Fahrzeug. Häuser huschen vorbei, Verkaufsstände mit ihren Granatäpfeln und Rosinen auf den Dorfstraßen, Eselkarren, Fahrradfahrer, Taxis.

Afghanen sind gastfreundliche Menschen, das Wohlergehen des Fremden ist eine Frage der Ehre. Einerseits. Andererseits muss sich der Fremde das Wohlwollen erst verdienen. Er muss eingeladen sein, gewollt sein. Sonst wird das Faltenland zu einer Festung, einer Bergfestung. Afghanistan ist dann eine gewaltige Zinne. Schleifen lässt sich die Festung nicht, weil hinter jeder Zinne die nächste Mauer wartet. Der Hindukusch ist ein unbezwingbarer Gegner. Er schluckt seine Feinde, die sich dem Faltenschlag von Berg und Tal nicht fügen wollen.

Geografie ist, nicht nur militärisch betrachtet, Schicksal. Geografie ist das wichtigste Charakteristi-

kum Afghanistans. Kein Faktor hat einen höheren Einfluss auf die kriegsgeschüttelte Geschichte des Landes als seine Lage und Beschaffenheit. An der Bruchstelle der eurasischen, subkontinentalen und asiatischen Landmasse, geprägt vom Zusammenprall der großen Menschheitskulturen – der chinesischen, der indischen, der persischen und der kaukasischen – findet sich hier ein Staat wie in einem Druckkessel. Ethnien und Religionen stehen sich seit Jahrhunderten gegenüber. Die westliche Idee des Nationalstaates mit seinen festen Grenzen und der Bindekraft für seine Bürger verfängt in Afghanistan nur begrenzt. Die Binnenlage verschärft die Probleme.

Das Faltenland erschwert das Gefühl für Zusammengehörigkeit, es lässt keine dauerhaften Bindungen zu. Das Labyrinth fügt zusammen, was gerade zusammenkommen muss. Morgen schon können sich die Wege wieder trennen. Heute schmieden Stämme, Talschaften, Dorfgemeinschaften ihre Allianzen, morgen kann die Verlockung von der anderen Seite des Bergrückens stärker sein.

Insbesondere auf dem Land gilt seit Ewigkeiten nur dieses Gesetz des wandernden Gehorsams. Loyalitäten halten nur so lange, bis die nächste Verpflichtung ruft, die stärkere Allianz lockt, die bessere Aussicht auf Überleben besteht. In den Städten indes, besonders

in Kabul, herrschen andere Gesetze. Auch das ist ein wichtiger Grund für den Unfrieden in Afghanistan: die Spannungen zwischen Stadt und Land, zwischen Tradition und Fortschritt, zwischen den Verlockungen der Moderne und den Erfahrungen der Vergangenheit.

All das sind keine neuen Erkenntnisse. Schon 1908 sagte der frühere Vizekönig von Britisch-Indien und spätere britische Außenminister, Lord Curzon, voraus, dass Afghanistan auch in hundert Jahren noch dieselben Probleme und dieselbe geostrategische Bedeutung für die Welt haben werde wie eben zu jenem Zeitpunkt. Der Mann sollte sich nur um ein paar Jahre irren.

Afghanistans jüngster Auftritt in der Weltpolitik begann am 11. September 2001, als Terroristen in den Vereinigten Staaten vier Flugzeuge entführten und der Welt die Spielregeln des modernen Terrors beibrachten. Dieser Terror war – im Schutz des Faltenlands – in Afghanistan erdacht worden, das schon mehrfach mit seinem Unfrieden Instabilität in die Welt getragen hatte.

Die Niederlagen der britischen Kolonialtruppen im 19. Jahrhundert (im Ersten Anglo-Afghanischen Krieg 1839 bis 1842 und im Zweiten Anglo-Afghanischen Krieg 1878 bis 1880) markierten schlimme Rückschlä-

ge für die Überseeherrschaft der Krone. Hier wurden dem Imperium dauerhaft Narben geschlagen. Eine schmerzhafte Zäsur in der Kolonialgeschichte war das, ein frühes Signal für die Phase der Entkolonialisierung und damit das Ende der eurozentrischen Weltsicht.

Einhundert Jahre später zogen nach zehn bitteren Kriegsjahren die geschlagenen Truppen Moskaus aus Afghanistan ab – der Beginn eines beispiellosen Zerfallsprozesses, in dem sich später das sowjetische Imperium und die bipolare Weltordnung auflösen sollten. Afghanistan und der revolutionäre Aufbruch in Osteuropa sind untrennbar miteinander verknüpft.

Zurück blieben die USA als einzig verbliebene Supermacht, deren hegemonialer Augenblick aber auch nur ein kurzes Jahrzehnt währte, ehe – gesteuert aus afghanischen Lagern – der islamistische Terror das Datum 9/11 für immer in das historische Gedächtnis einbrannte.

Immer wieder Afghanistan, immer wieder dieser Flecken Erde von beinahe der doppelten Größe Deutschlands, bevölkert von 30 Millionen Menschen, 80 Prozent von ihnen verstreut in kaum erreichbaren Dörfern und Gehöften, geplagt von Kriegen, Bürgerkriegen und Gewaltherrschern.

Der Schriftsteller Rudyard Kipling, der im Jahr 1907 für seine Arbeit den Nobelpreis erhielt, überlieferte und popularisierte den Schlüsselbegriff, mit dem das afghanische Phänomen zu packen ist. »The Great Game« – das Große Spiel: In Afghanistan wird es ausgetragen, hier findet sie statt, die Auseinandersetzung um Macht und Einfluss in Zentralasien und damit auch in der Welt – zu Kiplings Zeiten zwischen den Imperien Russland und Großbritannien.

Heute, wo vierundvierzig Nationen ihre Truppen nach Afghanistan entsendet haben, wird das Spiel zwischen den Kontrahenten einer modernen, verwobenen Welt gespielt, zwischen den Verfechtern einer liberalen, demokratischen und offenen Weltordnung und ihren Feinden, zwischen Modernisierungsgewinnern und Modernisierungsverlierern, zwischen einer säkularisierten Gesellschaft, die keine Gebote zu kennen scheint, und einer religiös aufgeladenen Gesellschaft. Die Welt ist globalisiert, sie ist zusammengerückt, sie kommt über Satellitenschüsseln auch nach Kabul bis in die Lehmhütten. Das macht die Situation dort nicht unbedingt erträglicher für die Menschen.

Deswegen geht es in diesem Konflikt am Ende auch um die Deutungshoheit für die Moderne, um eine neu zu entwickelnde Sensibilität für die kulturellen und religiösen Brüche in der Welt. Afghanistan ist nicht nur ein lokaler Konflikt zwischen Bürgerkriegsfraktionen und Ethnien, die sich in jahrzehntealter Feindschaft bekämpfen. Hier wird um die Bedeutung von Tradition, um kulturelle Tiefenströmungen, und – ja, auch – um religiöse Akzeptanz gerungen. Am Ende wird es ein Krieg um Verständnis und Toleranz sein.

Als die Bundesregierung im Jahr 2001 beschloss, dem Ruf der Vereinten Nationen zu folgen und Soldaten der Bundeswehr zunächst, zur Sicherung der Arbeit der neu installierten Regierung, nach Kabul zu entsenden, da war nur wenigen bewusst, welche Dimension dieser Einsatz annehmen konnte. Die Narben, die Afghanistan noch jedem Eindringling geschlagen hatte, wurden missachtet.

Das ist umso erstaunlicher, weil Deutschland eine innige Geschichte mit Afghanistan verbindet. Die Afghanen pflegen zu Deutschland eine Liebesbeziehung, seitdem der Emissär des Kaisers, Werner Otto von Hentig, im Kriegsjahr 1915 den Emir von Kabul dazu bewegen wollte, mit einer neuen Front russische und britische Kräfte in Zentralasien zu binden. Der Werbeversuch schlug fehl, aber die Afghanen waren geschmeichelt.

Noch nie zuvor hatte sie ein so bedeutender Staat auf Augenhöhe umworben. Die Saat für eine fruchtbare Beziehung war ausgebracht.

König Amanullah, 1919 auf den Thron gekommen, beantwortete die Wertschätzung mit einer Treue, die von vielen Afghanen stolz mitgetragen wurde. Handelsbeziehungen florierten im 20. Jahrhundert, Deutschland war nach dem Zweiten Weltkrieg ein wichtiger Entwicklungspartner, noch heute ist die deutsche Oberrealschule in Kabul eine der angesehensten Bildungseinrichtungen des Landes. Erst die sowjetische Besatzung und anschließend der Bürgerkrieg und die Gewaltherrschaft der Taliban schafften Distanz.

Gleichwohl erinnerten sich die Afghanen der Nordallianz und der Mudschaheddin-Gruppen an Deutschlands neutralen und respektvollen Umgang, weshalb der politische Neustart nach der Vertreibung der Taliban im Dezember 2001 auf dem Petersberg in Bonn ausgehandelt wurde. Die deutsche Regierung wurde als ehrlicher Makler gesehen, aber damit nahm sie auch Verpflichtungen auf sich.

Es sind die Soldaten der Bundeswehr, die diese Verpflichtung nun erfüllen müssen. Nicht wenige von ihnen haben sie mit ihrem Leben bezahlt, viele wurden verletzt oder tragen seelische Schäden aus ihrem Einsatz davon.

Tausende sind seit den Wintertagen 2001 ins Land gekommen und wieder gegangen. Als 2003 die Regierung von George Bush ihre Aufmerksamkeit aus Afghanistan abzog und Gefolgschaft auch der Verbündeten für den Krieg im Irak einforderte, da verweigerte die damals regierende rot-grüne Koalition jegliche Unterstützung. Selbst ein Bruch im nordatlantischen Bündnis konnte nicht mehr ausgeschlossen werden.

Um die Differenzen zu mildern, erhöhte die Bundesregierung ihr Engagement an dem anderen Kriegsschauplatz, in Afghanistan. Sie beförderte die Idee, den Einsatz auf die Provinzen auszudehnen und damit Afghanistan auch außerhalb der Hauptstadt zu stabilisieren. Bereits damals war zu spüren, dass die Taliban nach der Phase der Vertreibung erstarkt und reorganisiert zurückkommen könnten. Das deutsche Wiederaufbauteam ging in den Norden Afghanistans und baute nach und nach die Stützpunkte in Mazar-i-Sharif, in Kunduz und in Faisabad aus.

Gleichwohl blieb der Öffentlichkeit in Deutschland der Einsatz fremd. Die Begründung für das massive Engagement erschloss sich nur wenigen, das Interesse war gering, die Bemühungen der Politik um mehr Verständnis reduzierten sich auf Pflichtübungen, wann immer das Mandat zur Verlängerung anstand und der Bundestag sein Votum abgeben musste.

Erst im achten Jahr des Einsatzes zeigte sich, dass Politik und Öffentlichkeit nicht mehr Schritt halten konnten mit der Entwicklung in Afghanistan. Die Taliban waren inzwischen erstarkt, der Krieg im Süden in aller Härte zurückgekehrt. Die völlig überforderten Truppen der USA, der Kanadier, der Briten oder auch der Niederländer kämpften mit hohen Verlusten um strategisch wichtige Städte wie Kandahar, Jalalabad oder Khost.

Als auch im bis dahin relativ friedlichen Norden der Krieg der Aufständischen spürbar wurde, als Feuerüberfälle auf Konvois, Raketenbeschuss auf das Lager oder versteckte Straßenbomben nicht mehr zu ignorieren waren, da erlebte die deutsche Öffentlichkeit ein böses Erwachen. Was die Politik bisher als »Stabilisierungseinsatz« beschrieben hatte, was reglementiert, durchorganisiert und verrechtlicht war bis hin zu den Feinheiten der Mülltrennung im Lager – all das hatte immer weniger zu tun mit der Realität, die die Soldaten in ihrem Einsatz erlebten.

Die Verdruckstheit, die den Einsatz von Beginn an begleitet hatte, verdichtete sich zu einem Knäuel von Widersprüchen, politischen Halbwahrheiten und militärischem Unfug.

Deutschland führte einen Krieg, aber von Krieg durfte man nicht sprechen. Die Rede war von einem Stabilisierungseinsatz, von einer Mission zur Unterstützung des Staatsaufbaus. Dieser Streit um die Terminologie war nur eine der Halbwahrheiten, die symptomatisch waren für den großen Selbstbetrug, dem Deutschland erlag. Dazu gehörte nicht minder, dass der Einsatz als zweigeteilte Aufgabe vermittelt wurde: Hier die Helfer und Stabilisierer mit der schwarz-rot-goldenen Fahne am Ärmel, dort die Kämpfer und Bomberpiloten, die Hochzeitsgesellschaften unter Beschuss nahmen. Hier der friedliche Norden, dort der kriegerische Süden, in dem die stationierten NATO-Truppen nur die richtige, friedlichere Strategie der Deutschen hätten anwenden müssen, um ähnlich große Erfolge wie die Bundeswehr im Norden zu erzielen.

Die Soldaten wussten, dass dieses Bild nicht stimmte. Sie durchschauten den Selbstbetrug. Aber der Selbstbetrug war notwendig für den politischen und den gesellschaftlichen Konsens. Die Öffentlichkeit war nicht mitgenommen worden auf den Einsatz in Afghanistan. Sie verstand weder Grund noch Ziel der Mission. Sie unterstützte lediglich, dass Gutes geschehen sollte.

Das Schweigekartell aus Bundesregierung, militärischer Führung und Bundestag hielt bis zum 4. September 2009, jenem Tag, an dem auf deutschen Befehl eine Ansammlung von Menschen und zwei Tankfahrzeuge auf einer Sandbank unweit des Lagers in Kunduz bombardiert wurden. Die Explosion erschütterte erstaunlicherweise die Bundestagswahl nicht, Kunduz war kein Wahlkampfthema, weil es keiner der regierenden Parteien genützt hätte. Erst später sollte sich herausstellen, was die wahren Motive für den Einsatzbefehl gewesen waren. Hier hatten Soldaten gehandelt, die sich im Krieg und bedroht sahen.

Der Entscheidung liegt unendlich viel Tragik zugrunde: Regeln wurden verletzt, Befehlswege umgangen, Besonnenheit aufgegeben. Das subjektive Gefühl der Bedrohung muss immens gewesen sein.

Das Bombardement von Kunduz war der wichtigste Kristallisationsmoment im Einsatz der Bundeswehr. Alles andere verblasst dahinter. Acht Jahre Aufbau, Kontakt zu den Menschen, humanitäre Hilfe, Ausbildung, Freundschaften – alles verpuffte vor den Augen der Öffentlichkeit. Plötzlich herrschte für alle sichtbar Krieg.

Moderne Kriege haben wenig mit alten Klischees zu tun. Sie ignorieren Grenzen, sie tragen keine Uniform, sie bedienen sich aller Mittel, sie können – wenn man so will – mit einer Ladung Sprengstoff in der Unterhose in einem Flug über den Atlantik geführt werden. All das wissen die Soldaten in Afghanistan, die jenen modernen Krieg kennenlernen. Einen Krieg, der sich nicht ankündigt und auch niemals ganz verschwinden wird.

Dieser Krieg hat kein wirkliches Feindbild. Auf der Sandbank in Kunduz waren Anführer der Taliban versammelt und Jungs aus den nahe gelegenen Dörfern, die nur ein bisschen Benzin zapfen wollten. Uniform trug keiner von ihnen. Die Soldaten können an einem Tag Bekanntschaft schließen mit einem Dorfältesten und auf dessen Loyalität hoffen. Am nächsten Tag wird der Mann sein Schicksal vielleicht in die Hände von Taliban gelegt haben, weil er davon ausgehen muss, dass paschtunische Kämpfer im Dorf sein werden, noch lange nachdem die ausländischen Truppen ihr Lager geräumt haben.

Die ethnischen und tribalistischen Strukturen werden Afghanistan immer beherrschen. Kein Ordnungssystem hat sich als belastbar genug erwiesen für den immer wiederkehrenden Zyklus von Gewalt und trügerischer Ruhe, der Afghanistan seit Jahrhunderten heimsucht. Zwei Faktoren begünstigten den ewigen Schlach-

tenkreislauf: Im Inneren ist das Land zu schwach und zu zersplittert, als dass es Geschlossenheit und Stärke entwickeln könnte. Vor allem die Rivalität zwischen einzelnen Paschtunen-Stämmen und den anderen großen Ethnien – Tadschiken, Usbeken, Hazara – machen eine Machtbalance schwer.

Die Instabilität im Inneren wird – Problem Nummer zwei – von außen befördert und ausgenutzt. Iran, Indien und Pakistan im Westen und Süden, die Turkstaaten und Russland im Norden und seit Neuestem selbst China mit seiner eigenen Furcht vor ethnischer Zersplitterung und seinen Handelsinteressen in der unmittelbaren Nachbarschaft machen Afghanistan nicht nur zum Objekt globaler Mächte, sondern auch regionaler Gelüste.

Wie also ist dem gebeutelten Flecken Ruhe und Frieden beizubringen? Afghanistan wird immer benachteiligt sein. Die feindselige Natur, der eingepferchte Siedlungsraum, die Abhängigkeit von den wenigen Zugangswegen in die Außenwelt und die politische Tektonik aus Jahrhunderten lassen sich nicht ändern. Der katastrophale Bildungsstand seiner Menschen macht es schwer, an eine Elite zu glauben, die das Land einmal aus der Misere wird führen können.

Im Jahr neun nach dem Einmarsch der internationalen Truppen hat der Westen, allen voran die USA,

selbstkritisch die Fehler eingestanden, die durch zu viele Strategiewechsel und zu große Unkenntnis der afghanischen Gesetze begangen worden sind. Ambitionen und Rhetorik klingen nun gemäßigt. Für die Soldaten aber bleibt die gleiche Aufgabe. Sie müssen sich selbst und ihre Nachbarschaft schützen, sie sollen Ruhe und Stabilität in die Dörfer und Städte bringen, damit die kriegsgeplagten Afghanen ein Gefühl dafür bekommen, welches Leben in friedlichen Zeiten möglich sein kann. Sie müssen als Freunde gesehen werden, nicht als Gegner. Sie müssen auf Posten auf einem Bergrücken ausharren und vor Raketen in Deckung gehen. Sie müssen sich in Panzerfahrzeuge zwängen, in der Hoffnung, dass auch diesmal keine Bombe am Straßenrand explodiert. Sie müssen afghanischen Soldaten und Polizisten das Handwerk beibringen, damit sie es selbst nicht mehr ausüben müssen – zumindest nicht in Afghanistan.

Afghanistan wird gern mythologisiert: das geheimnisvolle Land; das Land hinter dem Horizont; das Land der Drachenläufer. Für die Soldaten ist der Mythos gewichen. Sie verstehen mehr von Afghanistan als alle, die sie dorthin entsandt haben. Aber am Ende werden sie die Rätsel auch nicht lösen können, die das Faltenland der Welt immer und immer wieder aufgibt.

Krieg ist nicht nur eine erklärte militärische Auseinandersetzung zwischen zwei Völkern. Krieg ist heute viel schwerer zu fassen. Er findet auch unerklärt, in einem Land zwischen zwei verfeindeten Gruppen statt. Was in Afghanistan geschieht, kann ich nicht anders bezeichnen.

Margot Käßmann, ehemalige Ratsvorsitzende der Evangelischen Kirche in Deutschland

Fast unwirklich, wie aus einem Science-Fiction-Film, wirkt die Szenerie. So kann Krieg heute aussehen: Hightech-Einsatz gegen einen unsichtbaren Gegner, der sich in kargen Landschaften nahezu unsichtbar gemacht hat.

GERMANY
ISAF
NATO-OTAN
PRT FEYZABAD

Ein bewaffneter Bundeswehrsoldat steht in der Umgebung von Faisabad auf einer Dorfstraße, im Hintergrund Bewohner mit ihren Eseln. Gemeinsam mit Soldaten der afghanischen Nationalarmee (ANA) gehen Bundeswehrsoldaten auf eine Erkundungsmission, während der sie mit den Bewohnern der umliegenden Dörfer Kontakt aufnehmen und Probleme besprechen.

Ein deutscher Soldat sichert von einer hoch gelegenen Hausruine aus das Bundeswehr-Feldlager Faisabad. Die Stadt liegt in der Nordost-Provinz Badakhshan, durch die in alten Zeiten eine Achse der Seidenstraße führte.

Eine Scharfschützenstellung auf der Höhe 431 im Distrikt Char Darah in der nordafghanischen Provinz Kunduz. Im Sommer 2009 war der Distrikt Schauplatz der bis dahin schwersten Kämpfe von Bundeswehr und afghanischem Militär gegen die Taliban. 13 Aufständische sollen getötet, zahlreiche verletzt worden sein. Nach Angaben des Verteidigungsministeriums in Kabul kamen auch vier afghanische Soldaten ums Leben. Bei der mehrere Tage andauernden Militäroffensive setzte die Bundeswehr erstmals schwere Waffen und Panzer ein.

Zwei Soldaten auf einer Anhöhe bei Mazar-i-Sharif in Afghanistan. Die Bundeswehr stellt Spezialeinheiten, die die Umgebung eines Lagers überprüfen. Die Patrouille geht dabei einzelne Stellungen ab, die von Mudschaheddin oder der russischen Armee bereits vor vielen Jahren errichtet worden sind. Von den erhöhten Positionen kann man hervorragend das große Tal überblicken und Bewegungen beobachten.

Innenansicht vom alten deutschen Feldlager am Rand der Stadt Kunduz, das einst Standort einer Obstplantage war. Die Zelte und Container sind mit Sandsäcken gesichert, durch den Garten führen Bretterstege, die vor dem Morast schützen, in den sich der Boden nach jedem Regen verwandelt.

Weihnachten im Camp Kunduz. Der Tannenbaum wurde aus Deutschland eingeflogen.

Ein Hauch von Heimat am Hindukusch. Bierzelt- oder Kirmesatmosphäre im Innern des alten Bundeswehrlagers Kunduz.

Was makaber aussieht, ist einfach nur praktisch: Die Schutzausrüstung, die auch Sanitäter tragen müssen, ist schlicht zu schwer für herkömmliche Kleiderständer, Haken oder Ähnliches. Also haben die Soldaten zur Selbsthilfe gegriffen und diese Ausrüstungskreuze gebaut, die hier im Rettungszentrum des deutschen Camps in Kunduz stehen.

DROP ZONE KABUL.

Orientierung im Nichts: eine improvisierte Bar im Bundeswehr-Camp Kabul. Der »Atze Gourmet Tempel« ist wieder geöffnet und freut sich auf Gäste.

Militärbischof Martin Dutzmann (links) und Militärpfarrer Wolfram Schmidt (rechts) pflanzen vor der »Gottesburg« im Feldlager Kunduz einen Baum. Die Monate in Afghanistan haben Wolfram Schmidt gezeichnet. Als Militärseelsorger hat der Pfarrer aus Eisenach von März bis Juli 2009 in Kunduz die dort stationierten Bundeswehrsoldaten betreut. Noch immer ist er tief beeindruckt von den Erlebnissen.

Oben: Gottesdienst im Camp, aufgenommen im Mai 2009.

Post von zu Hause: Endlich Nachrichten von Familie und Freunden, per Luftfracht über Tausende von Kilometern an den Hindukusch transportiert.

Eine goldene Regel lautet: Schlafe, wenn du Zeit hast, nicht wenn du müde bist. Beim Warten auf die Maschine für den nächsten Einsatz genießt eine Soldatin der aus verschiedenen Nationalitäten zusammengesetzten ISAF-Truppe die Wintersonne auf dem Kunduz Airfield.

HUNTER

Zeugnis ehemaliger Größe eines Landes: das zerstörte Königsgrab auf einer Anhöhe vor der afghanischen Hauptstadt Kabul, davor zwei Fuchs-Spürpanzer der Bundeswehr auf Beobachtungsposten.

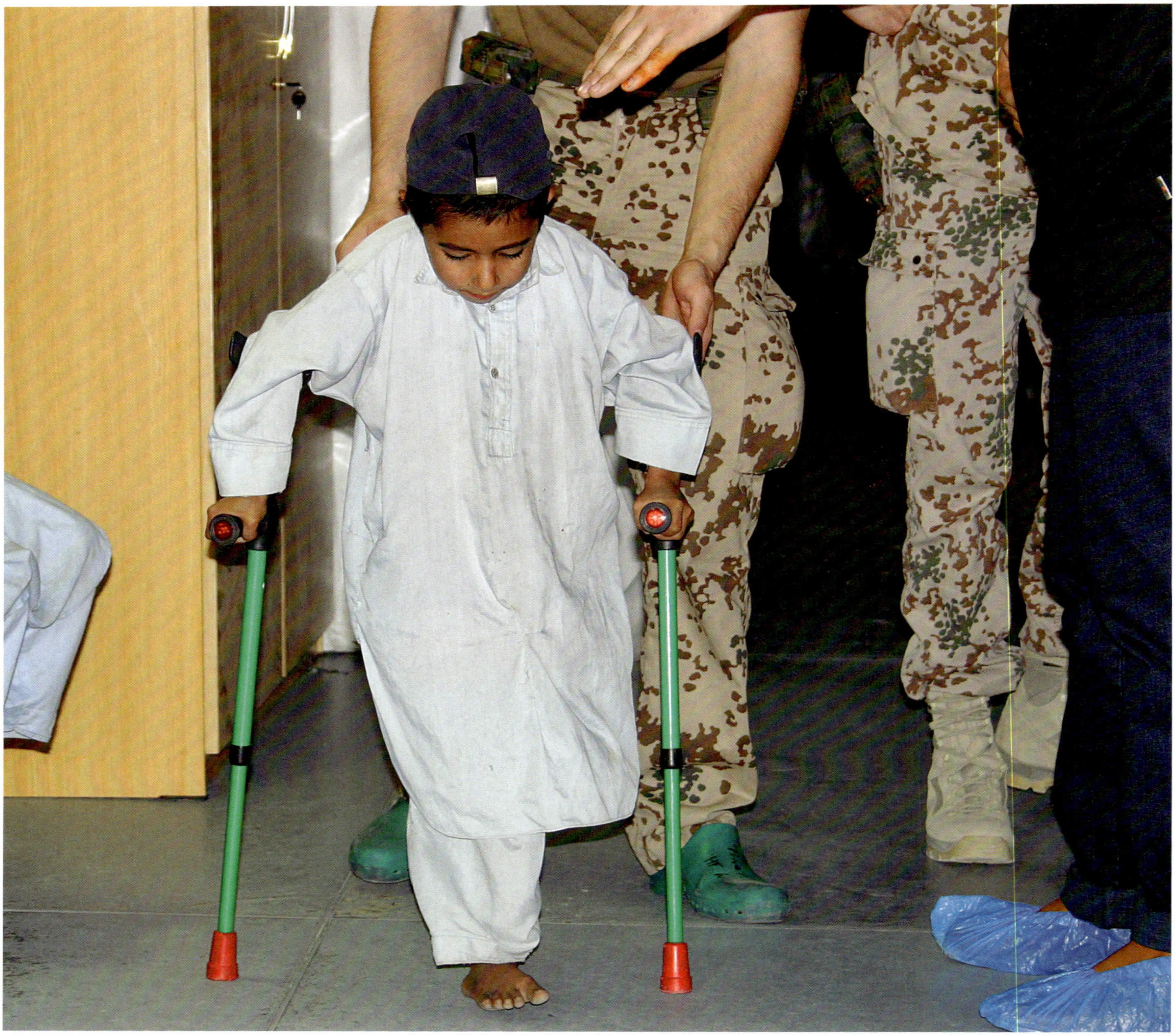

Die Bundeswehr schützt nicht nur und betreibt Aufklärung in einem zunehmend kriegerischen Umfeld, sie soll vor allem die Infrastruktur verbessern und den Menschen helfen. Hier lernt ein Junge, an Krücken zu laufen, nachdem ihm im Bundeswehrlazarett in Kunduz ein Bein amputiert werden musste.

Rechte Seite: Mithilfe eines schweren Krans wird eine Steinmühle aufgebaut. Ohne die technische Ausrüstung und das Know-how der Bundeswehr könnten viele Arbeiten nicht erledigt werden.

Y 307 812

Ein Jeep wird mittels zweier zu einem Floß zusammengebundener Kähne über den Fluss Kunduz übergesetzt. Im Norden Afghanistans gibt es einige Landstriche, in denen die Bundeswehr bis 2006 in leichten ungepanzerten Fahrzeugen unterwegs sein konnte.

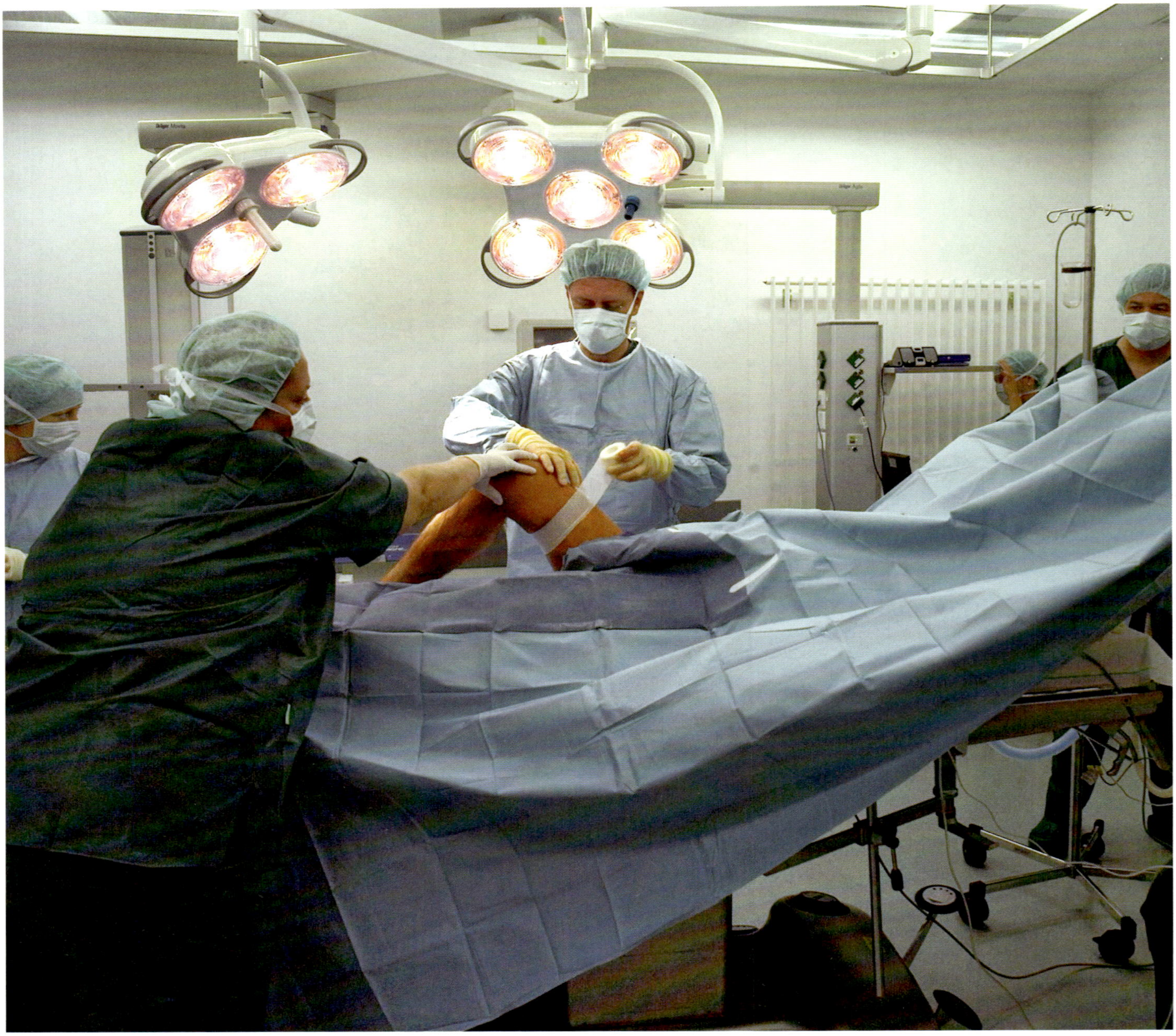

Auch das gehört zum Einsatz der Bundeswehr: ärztliche Hilfe in einem zerstörten Land. Hier wird im Bundeswehrlazarett in Mazar-i-Sharif ein Afghane operiert, der bei einem zivilen Verkehrsunfall verletzt wurde.

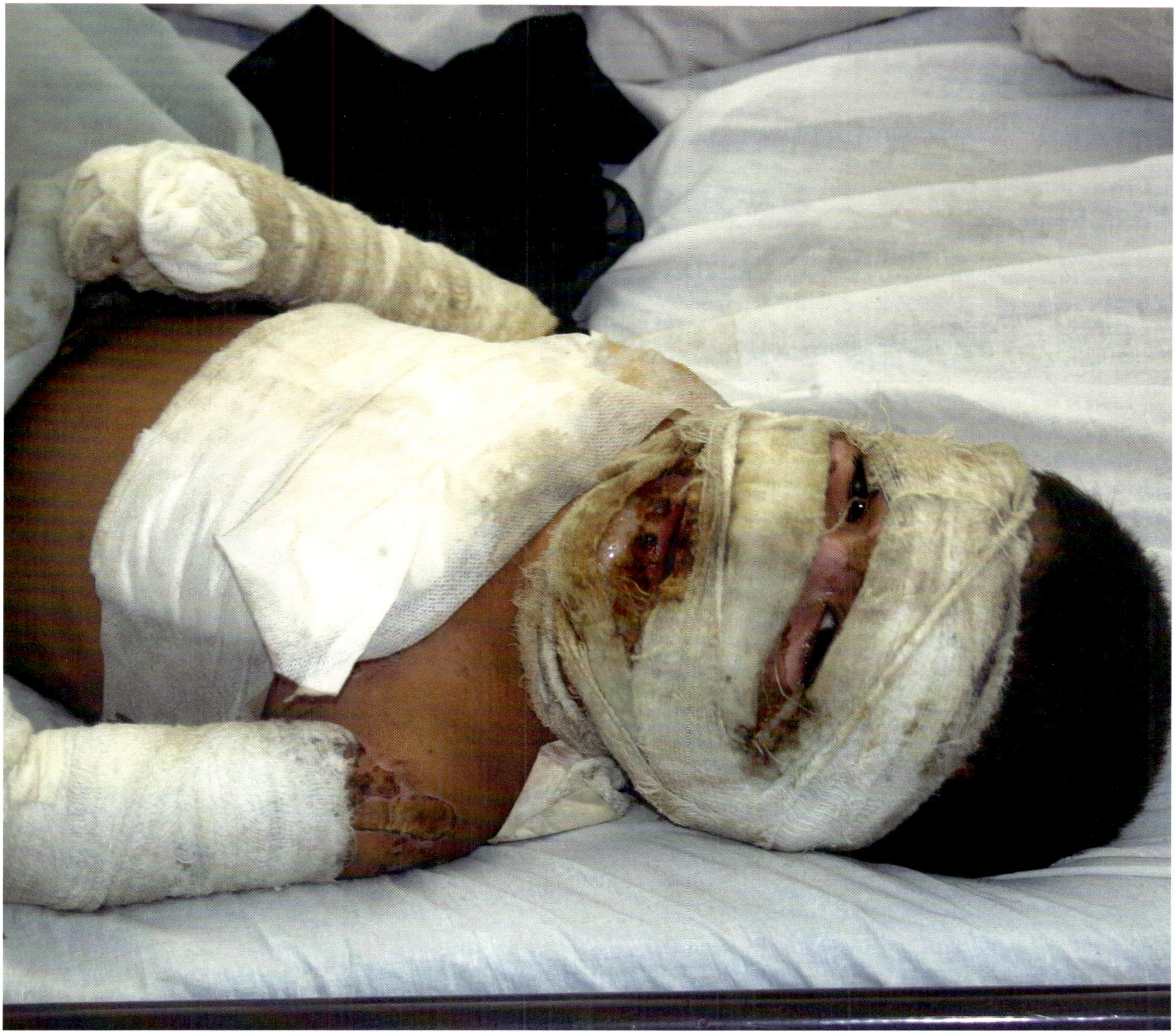

Kinder werden vor allem durch Landminen verletzt, manchmal jedoch sind sie auch Opfer anderer Unglücke. Dieser Junge wurde schwer verbrannt und verbrüht, als in einem Haus ein Heizkessel umkippte. Häufig bauen sich die Afghanen selbst einfache Heizvorrichtungen in ihren Hütten. Dem Jungen wurde, unterstützt von Ärzten der Bundeswehr, im Krankenhaus in Kunduz geholfen.

Bundeswehrsoldaten auf einem Markt in der Stadt Kunduz. Im Februar 2010 sind etwa 1150 von ihnen in der Provinzhauptstadt stationiert, rund weitere 500 in Faisabad als Wiederaufbauteam und zur Unterstützung der afghanischen Zentralregierung.

Streife gehen in Taloqan bei Kunduz. Das Ziel: Vertrauen bei der Bevölkerung aufbauen. Von einer Schar Kinder begleitet, laufen die Soldaten die Straßen ab. Überall auf der Welt spielen kleine Jungen gern mit Spielzeugwaffen, hier hat die Szenerie etwas Bizarres.

Fußstreife in Taloqan, ca. 80 Kilometer von Kunduz entfernt. Der Kontrast zwischen dem Soldaten in Tarnfarben und den traditionell verschleierten Frauen könnte kaum größer sein. Taloqan ist mit geschätzten 196.000 Einwohnern die zehntgrößte Stadt Afghanistans.

PCO

Ein deutscher Marder-Schützenpanzer der schnellen Eingreiftruppe (»Quick Reaction Force«, QRF) nebelt sich während einer Übung im Marmal-Gebirge bei Mazar-i-Sharif ein. Die Bundeswehr nahm im Juli 2008 die Arbeit mit ihrem ersten Kampfverband für die ISAF in Nord-Afghanistan auf.

Die trügerische Normalität einer afghanischen Stadt. Hinter jedem Fahrzeug, neben jedem Marktstand kann eine Bedrohung lauern. Jede Kontrolle birgt ein Risiko. Das ist eine Dauerbelastung für fast jeden Soldaten.

Menschen an Marktständen, Händler, ein Bild der Hoffnung. Doch mit Vorliebe wählen Selbstmordattentäter den Schutz der Menge, das unübersichtliche Gewirr belebter Plätze, um ihre Anschläge auszuführen. Der Bundeswehr-Jeep trägt Lautsprecher, durch die Mitteilungen in der Landessprache verbreitet werden.

Kontrolle an einer Ausfallstraße von Kunduz. Unwillkürlich drängt sich die Frage auf: Harmloses Privatfahrzeug oder mit Sprengstoff beladenes Mordwerkzeug?

Die Menschen versuchen, über Märkte die Versorgung, die Einkommensgrundlage und den Alltag wiederherzustellen – hier in Iskamish, einer früheren Mudschaheddin-Hochburg. Diese Bemühungen im Sinne eines Aufbaus der afghanischen Gesellschaft werden von der Bundeswehr geschützt.

Die Stelle bei den Marktständen in Kunduz, an der beim schwersten Anschlag auf die Bundeswehr in Afghanistan am 19. Mai 2007 drei deutsche Soldaten und fünf afghanische Zivilisten getötet wurden. Fünf weitere Bundeswehrsoldaten, ein Übersetzer und 16 Zivilisten wurden verletzt. Der Selbstmordattentäter hatte sich neben einer Fußpatrouille in Kunduz in die Luft gesprengt. Die radikal-islamischen Taliban bekannten sich zu der Tat.

14. November 2005: Im Zentrum von Kabul, auf der Straße nach Jalalabad, rast ein Selbstmordattentäter mit seinem mit Sprengstoff beladenen Auto auf einen Posten zu; in dem Feuerchaos stirbt neben afghanischen Zivilisten auch ein deutscher Soldat. Hier sehen wir britische ISAF-Kräfte, die retten, bergen und sichern.

Ein Attentäter versucht mit seinem sprengstoffbeladenen Fahrzeug die Barriere zum Flugplatz in Kabul zu durchbrechen. Er kommt dabei ums Leben, reißt einen afghanischen Soldaten mit in den Tod und verletzt vier ISAF-Soldaten schwer.

Baghlan im Norden Afghanistans gehört zum Einsatzgebiet der deutschen ISAF-Schutztruppe. Am 16. November 2008 rast ein Selbstmordattentäter auf einen deutschen Konvoi zu und sprengt seinen Wagen. Zwei deutsche Soldaten werden verletzt.

Wieder ein Anschlag, diesmal hat es ein niederländisches Fahrzeug getroffen (rechts). Tumult, Aufregung, Schaulustige. Und die Frage drängt sich auf: Stehen der oder die Täter in der Menge?

NL

So wandelt sich der Einsatz, der in Deutschland vor allem als Aufbauhilfe verstanden und kommuniziert wurde, immer mehr zu einem bewaffneten Kampf gegen den Terror. Deutsche ISAF-Soldaten haben eine Straßensperre außerhalb von Kabul errichtet, nachdem neun Menschen durch eine Bombe getötet und 28 verletzt worden waren.

In der Dämmerung machen sich Soldaten im Bundeswehrlager Kunduz bereit für einen Nachteinsatz.

In Afghanistan wird ein asymmetrischer Konflikt ausgetragen. Der Gegner handelt im Schutz der Nacht, er sucht Deckung inmitten der Zivilbevölkerung, ist bereit, sein eigenes Leben zu opfern, übt mit einfachen Waffen Terror aus und richtet Zerstörung an. Die Soldaten der ISAF-Truppe versuchen hingegen, mit modernster Militärtechnologie diese Pläne zu durchkreuzen und die Bevölkerung zu schützen.

Militärische Präsenz zeigen und gleichzeitig Vertrauen aufbauen lautet die Doppelstrategie der Bundeswehr Hier sichern Soldaten einer Fallschirmjäger-Patrouille die Umgebung des Bundeswehr-Feldlagers in Kunduz.

Weit im Norden, bei Faisabad, unternehmen Bundeswehrsoldaten gemeinsam mit Soldaten der afghanischen Nationalarmee eine Erkundungsmission, auf der sie mit den Bewohnern der umliegenden Dörfer Kontakt aufnehmen und sich nach ungewöhnlichen Vorkommnissen oder alltäglichen Problemen erkundigen.

Ein Hubschrauber des Typs CH-53 GS fertig zum Start. Wo vorher ein harmloses Fenster war, ist für den Bordschützen eine Luke zum Einsatz eines Maschinengewehres nachgerüstet worden. Die niedrige Flughöhe der Hubschrauber schützt vor Boden-Luft-Raketen, nicht aber vor konventionellem Beschuss.

Wie Hornissen schweben die CH-53 vom Airfield Kunduz, um im Konturenflug ihr nächstes Ziel anzusteuern. Die abgewrackten Busse und die gestrandete russische Passagiermaschine komplettieren das Bild eines ausgebrannten Landes.

Ein mittlerer Bundeswehr-Transporthubschrauber vom Typ CH-53 des deutschen ISAF-Kontingents fliegt zwischen Mazar-i-Sharif und Kunduz über sanft geschwungene Hügelketten. Der Bordschütze betrachtet nicht die Landschaft, sondern achtet nur auf außergewöhnliche Veränderungen am Boden.

Start eines Bundeswehr-Hubschraubers von Faisabad Airfield. Die Maschine verschwindet geradezu hinter dem fein aufgewirbelten Sand. Dieser Hubschraubertyp ist durch seine Turbinen, denen der feine Sand nichts anhaben kann, besonders für den Einsatz in Afghanistan geeignet. Danach geht es über steinige Landschaften.

Nachtsicht: Was tut sich vor dem Gelände? Die Raketenangriffe der Taliban werden im Schutz der Dunkelheit vorbereitet und ausgeführt, deshalb ist die nächtliche Überwachung lebenswichtig.

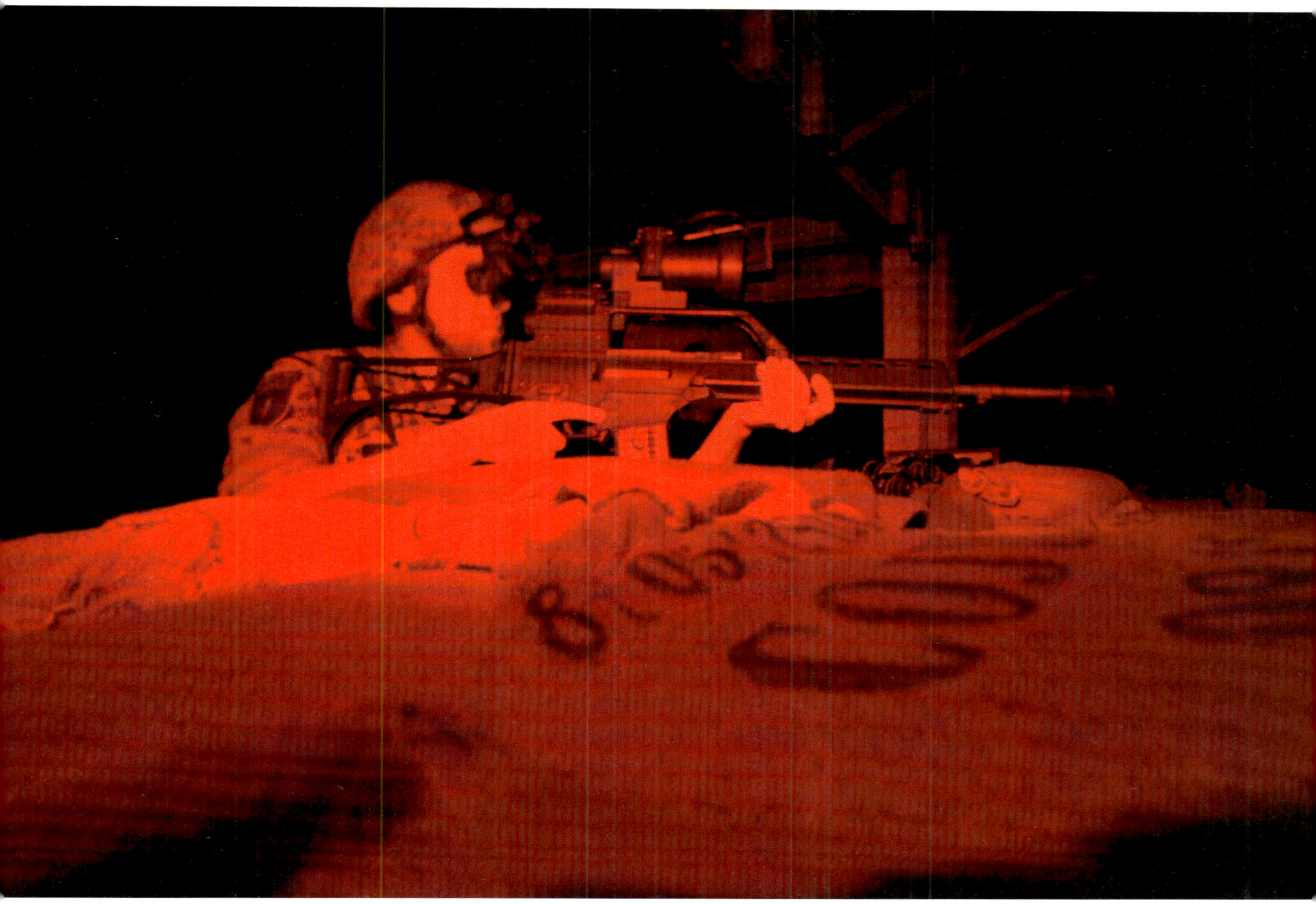

Bei rotem Tarnlicht und mit Nachtsichtgerät bewacht ein Posten das Bundeswehrlager. Die Angriffe der Taliban finden vorzugsweise bei Nacht statt.

Eine Fallschirmjäger-Patrouille sichert die nähere Umgebung des Bundeswehr-Feldlagers in Kunduz, nachdem einen Tag zuvor drei Raketen auf das Camp abgefeuert worden waren.

Ein Soldat holt im Bundeswehrlager Marmal in Mazar-i-Sharif nach einem Aufklärungsflug eines Tornados der Bundeswehr die Filme aus dem Aufklärungsbehälter. Das Camp liegt am Rand von Mazar-i-Sharif und schließt den Flughafen mit ein.

Ein Hubschrauber wirft Täuschkörper ab, um Flugabwehrsysteme und das Radar zu überlisten. Die abgeschossenen Granaten sind heißer als das Triebwerk des Hubschraubers und sollen so die gegnerischen Raketen ablenken. Der Hubschrauber fliegt im gleichen Augenblick ein Ausweichmanöver.

Ein Bundeswehr-Tornado auf dem Weg zurück zum Feldlager Marmal bei Mazar-i-Sharif. Die Jagdbomber werden zur Aufklärung eingesetzt.

Patrouille in der Region um Mazar-i-Sharif. Regelmäßig werden die Siedlungen abgefahren, um Präsenz zu zeigen, den Kontakt mit der Bevölkerung zu halten und Informationen über die Taliban zu bekommen.

4. September 2009. Ein verhängnisvoller Tag für die ISAF-Mission. Taliban haben zwei Tanklaster in ihre Gewalt gebracht und die Fahrzeuge auf einer Sandbank im Kunduz-Fluss festgefahren. Kampfjets bombardieren die Fahrzeuge und die Menschen, die den Treibstoff aus den Tanks abzapfen wollen. Bis zu 142 Opfer sollen zu beklagen sein – wie viele davon Taliban-Kämpfer waren, lässt sich kaum feststellen.

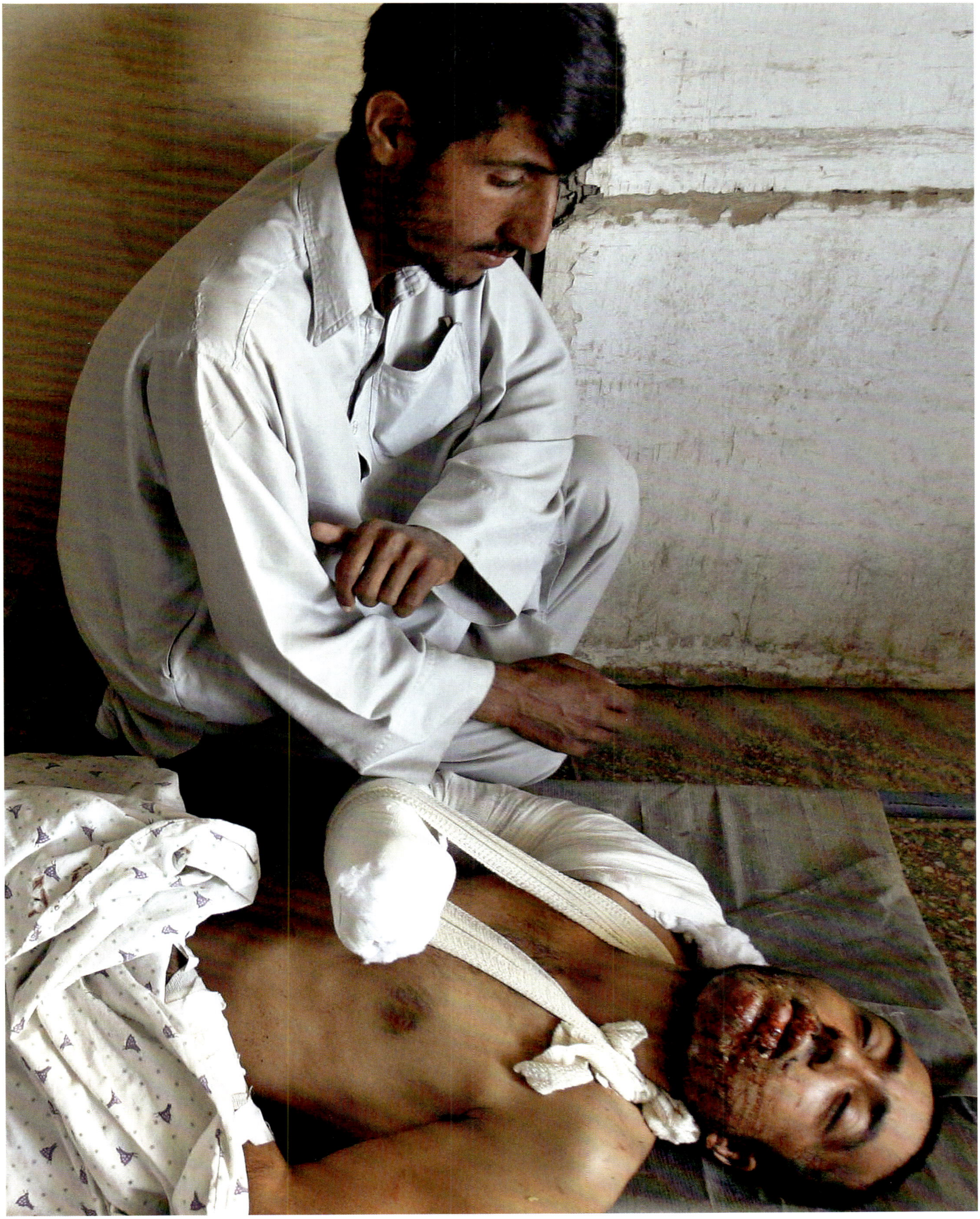

Ein schwer verbranntes Opfer des Krieges. Der Terror soll provozieren, die Bevölkerung einschüchtern und die internationale Truppe zum Gegenschlag herausfordern. So setzt sich der Kreislauf der Gewalt fort.

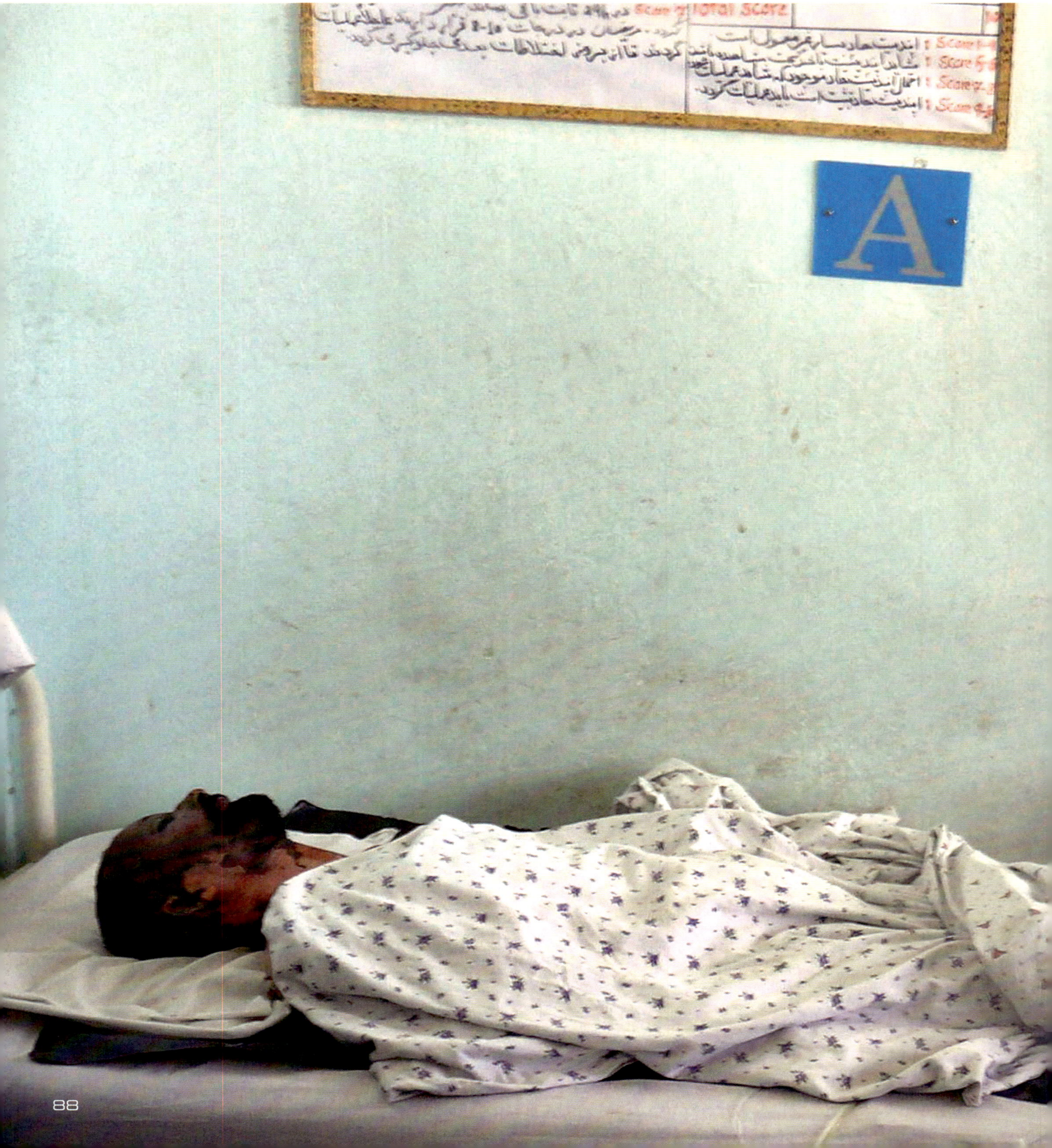

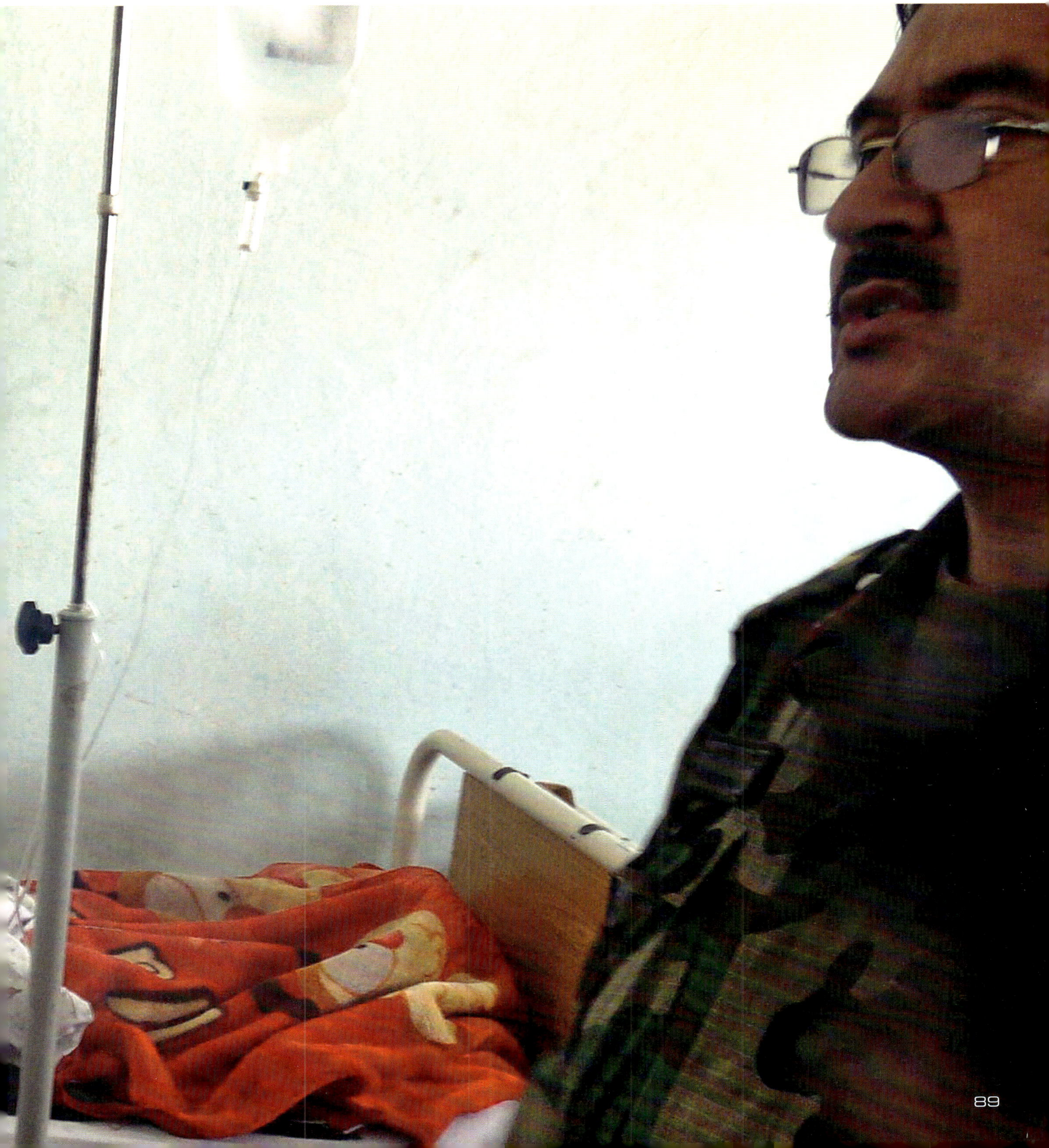

Ein kleiner Junge im Schatten eines Baumes im nordafghanischen Dorf Buen bei Kunduz. Hinter ihm die Gräber einer von deutschen ISAF-Soldaten versehentlich erschossenen Frau und ihrer zwei Kinder.

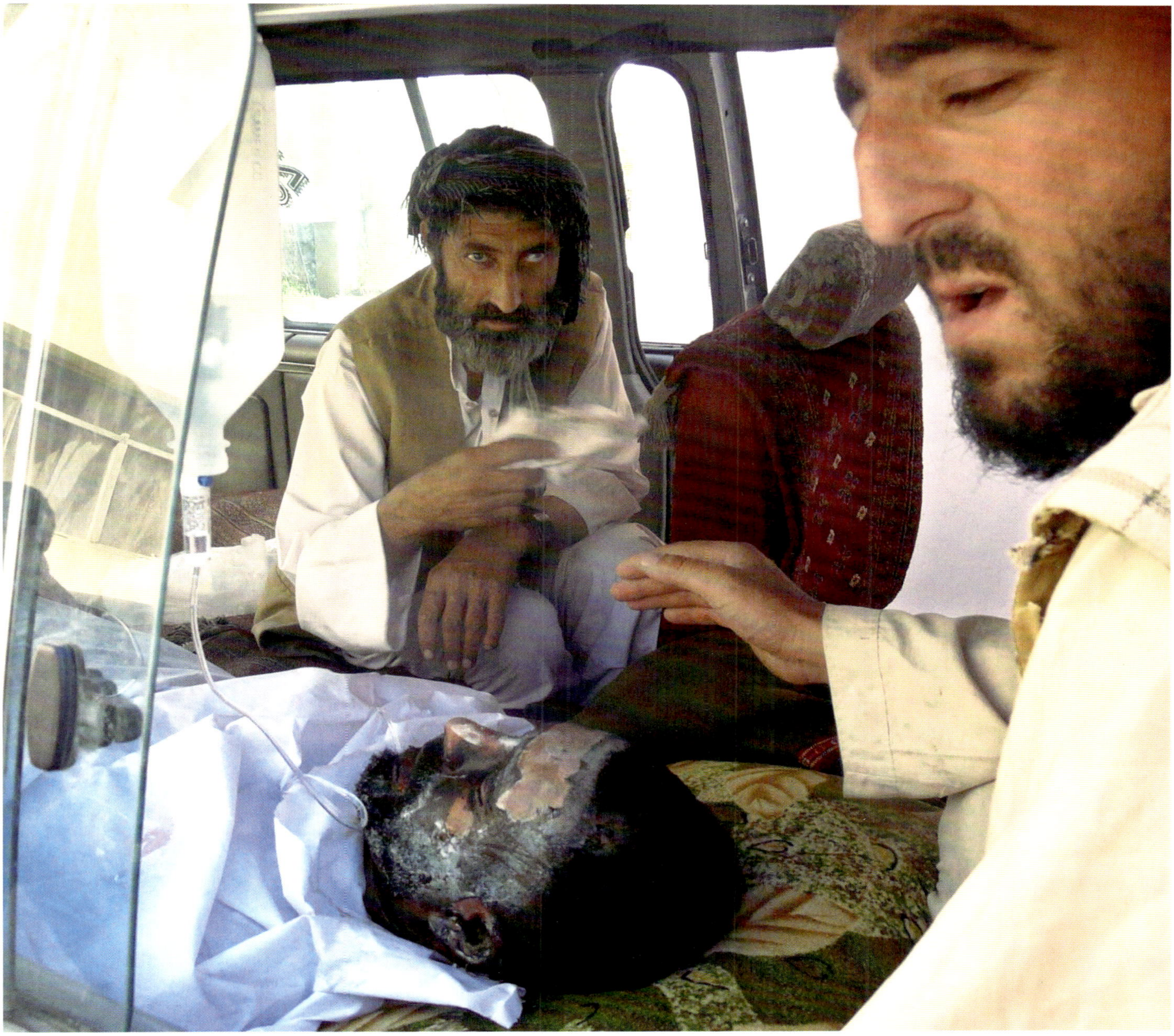

Die ISAF-Truppe hat inzwischen verstanden, dass sie sich mit Luftschlägen wie in Kunduz die Afghanen zum Feind macht. Vor allem die Familienangehörigen der Toten und Verletzten wenden sich von den ausländischen Soldaten ab, junge männliche Verwandte laufen zu den Taliban über.

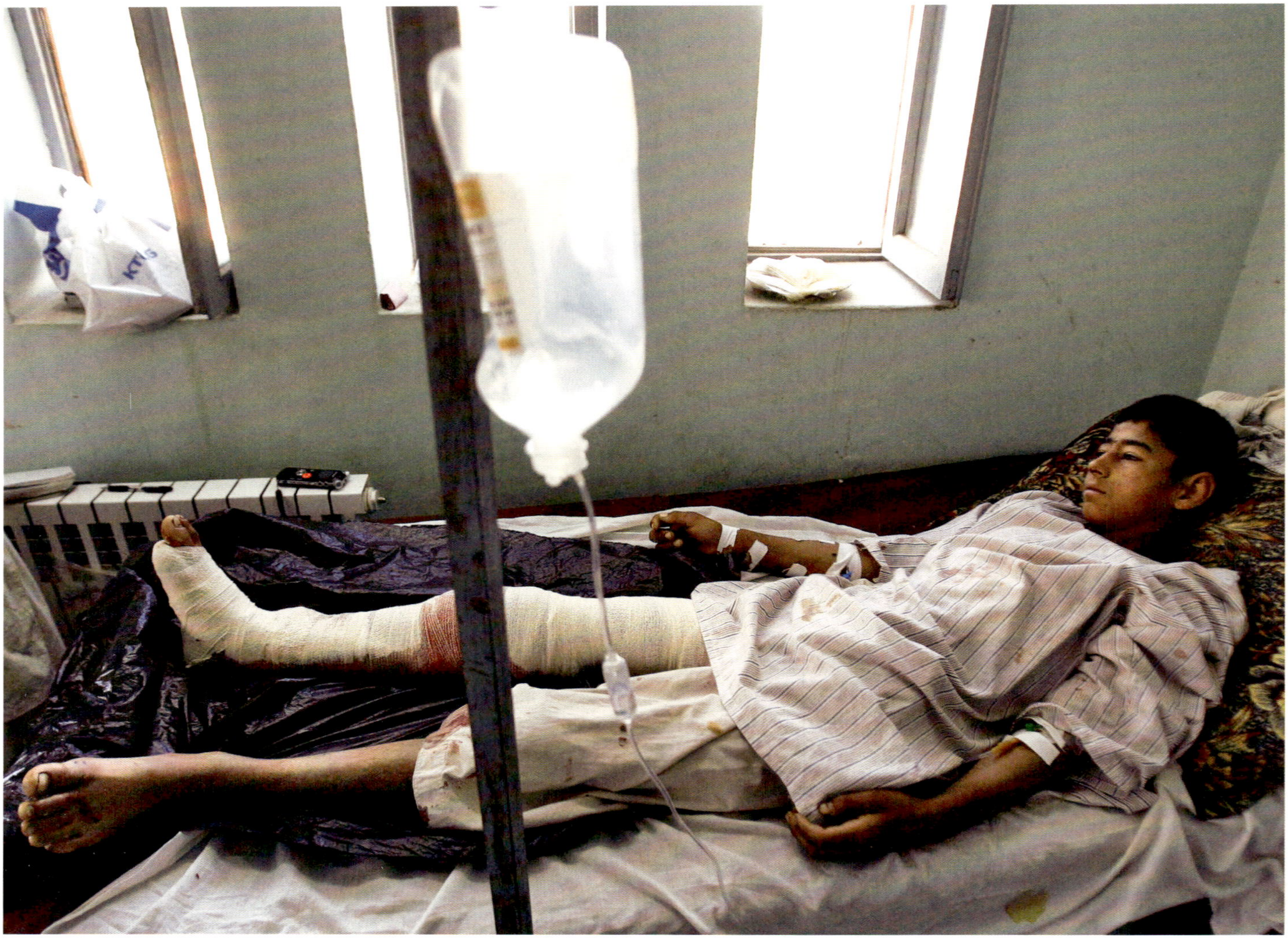

Dieser Junge liegt im Krankenhaus in Kunduz, notdürftig versorgt, und hofft auf Genesung.

Die »Antwort« der Taliban auf den Tanklaster-Angriff folgt prompt: Einen Tag nach dem Angriff auf die Tanklaster, am 5. September 2009, rammt ein Taliban seinen mit Sprengsätzen geladenen Wagen in einen deutschen Konvoi und verletzt drei Bundeswehrsoldaten.

In der afghanischen Bevölkerung ist die Bundeswehr hoch angesehen. Die Strategie des Aufbauens unterscheidet sie von anderen Truppenkontingenten der ISAF, die nur kämpfen.

4. Februar 2010: Bundeswehrsoldaten verteilen Hilfsgüter, die von ihnen gesammelt und gespendet wurden, an afghanische Familien, die unter den Folgen des ISAF-Luftangriffs auf einen Tanklaster-Konvoi bei Kunduz zu leiden haben.

Erkundungstour in der Region Faisabad. Das Gespräch mit den Dorfbewohnern soll helfen, Vertrauen aufzubauen und Informationen zu gewinnen. Die Trennungslinie zwischen Afghanen, die sich nur endlich Frieden wünschen, und solchen, die mit den Taliban sympathisieren, geht oft mitten durch die Familien.

Das martialische Aussehen der Soldaten erschwert den Kontakt zur Bevölkerung. Dieser Soldat trägt einen Schutzanzug und seine Waffe, den Helm hat er aber abgenommen – offenbar ein Signal, dass er sich der friedlichen Kommunikation nicht entziehen will.

Es gehört zum Respekt vor den afghanischen Sitten, beim Betreten eines Hauses, in das die Soldaten eingeladen werden, die Schuhe auszuziehen.

Deutsche Bundeswehrsoldaten des Teams MOLT 3 überqueren in der nördlichen Provinz Badakhshan ein ausgetrocknetes Flussbett, afghanische Zivilisten schauen neugierig zu. MOLT 3 bedeutet »Mobile Observation and Liaison Team« und ist ein Bestandteil des deutschen Wiederaufbauteams Faisabad.

Ein gepanzertes deutsches Allschutz-Transportfahrzeug des »Explosive Ordnance Disposal« (EOD), dem Kampfmittelräumdienst der ISAF-Truppen. In der Morgenröte geht es zu einem langen Trip ins Hinterland.

Herausforderung für Mensch und Material: Kolonnenfahrt durch die Wüste Col-i-Abdan, fast 400 Meter über Normalnull. Sandwüsten wechseln sich im Norden Afghanistans mit Geröllwüsten, endlosen Weideflächen und schroffen Felsformationen ab. Der feine Sand verstopft die Luftfilter der Motoren, oft genug bleiben selbst allradgetriebene Fahrzeuge stecken.

Flussdurchfahrt. Die Wattiefe der Fahrzeuge ist entscheidend für das Durch- und Ankommen. Sobald der Sand nass wird, verwandelt er sich in einen glitschigen Matsch, für den man Schneeketten aufziehen muss.

Warnhinweise des Internationalen Roten Kreuzes bzw. Roten Halbmondes vor Minen, Granaten und anderen Sprengkörpern, die für Kinder nach Spielzeug aussehen oder auch von Erwachsenen nicht als hochgefährlich identifiziert werden.

Die Idylle trügt: Die rot-weiß bemalten Steine zeigen, welche Seite der Straße als minenfrei gilt; ob sie bereits geräumt wurde (weiß) oder ob sie noch als vermintes Gelände eingestuft wird (rot).

Eine Rohrbombe ist gefunden worden. Diese leicht herzustellenden heimtückischen Sprengsätze sind die typischen Waffen im Kampf des Terrors. Mit Nägeln, Schrauben oder Ähnlichem gefüllt, verursachen sie grausames Leid, wenn sie von Terroristen auf belebten Plätzen gezündet werden. Mit Plastiksprengstoff wird der Sprengkörper von einem Bundeswehr-Spezialisten unschädlich gemacht.

Die Aktion der Vereinten Nationen, alte Waffen von den Afghanen zurückzukaufen, wird kritisch gesehen. Viele meinen, mit dem Verkauf unbrauchbarer Waffen würde nur Geld beschafft für den Erwerb neuer, funktionstüchtiger Gewehre oder Granaten.
Die Überprüfung und kontrollierte Vernichtung obliegt der afghanischen Armee, unterstützt vom Kampfmittelräumdienst der Bundeswehr. Alte russische Waffen und Minen, teilweise auch chinesische Granaten lagern in einem Bauernhof. Unabhängig davon, ob diese Waffen gegen die Bundeswehr eingesetzt werden könnten oder nicht, sitzt das Dorf auf einem gefährlichen Pulverfass.

Eine 81-Millimeter-Mörsergranate, die noch aus den Tagen des Sowjetisch-Afghanischen Krieges stammt, als russische Truppen gegen die teilweise vom Westen unterstützten Mudschaheddin kämpften.

Kontrollierte Sprengung von Minen und Granaten in sicherer Entfernung.

Kolonnenfahrt zurück nach Kunduz durch die Wüste Col-i-Abdan.

Fahrt über den Kotal-i-Tas Baga, eine sanft gewellte Hügellandschaft im Nordosten Afghanistans.

Ein ISAF-Soldat der Bundeswehr richtet bei Taloqan (Provinz Kunduz) mit der Visiereinrichtung das Maschinengewehr seines gepanzerten Fahrzeugs Dingo aus.

Die Fallschirmjäger-Patrouille sichert die Umgebung des Bundeswehr-Feldlagers in Kunduz. Einige Tage zuvor feuerten unbekannte Täter drei Raketen auf das Camp ab.

Im Lauf des Jahres 2009 schienen sich die Taliban auf die Provinz Kunduz, in der es bis dahin relativ ruhig gewesen war, zu konzentrieren. Immer wieder wurden Transport- und Versorgungszüge angegriffen, wie hier ein Öltankwagen, der mit Raketen beschossen wurde.

Ende April 2009 versucht ein Selbstmordattentäter sich neben einem deutschen Konvoi in die Luft zu sprengen. Zum Glück wurde niemand getötet, jedoch fünf verletzte Soldaten waren zu beklagen.

Bilder vom Januar 2010: Gepanzerte Wagen, hier ein Dingo, sind nun Alltag bei den Patrouillen. Die Bundeswehrsoldaten suchen nach Rückzugsorten, Munitionslagern und Raketen-Abschussbasen der aufständischen Taliban.

Die Nacht zieht auf im Hinterland von Kunduz. Gerade in letzter Zeit haben Taliban ihre Angriffe im Schutz der Dunkelheit gestartet.

»Mission accomplished.« Alles gut und ohne Zwischenfälle gelaufen. Die Bundeswehrfahrzeuge passieren den Eingang des neuen Lagers in Kunduz, das direkt am Flugfeld errichtet worden ist.

Alle Mann wohlbehalten zurück im Feldlager – ein gutes Gefühl, wieder bei den Kameraden zu sein. Nach dem Abschluss einer Ausbildungsmission afghanischer Soldaten begrüßen und beglückwünschen sich Soldaten des deutschen Wiederaufbauteams Faisabad.

Dieser Einsatz ist ein Desaster.
Für die NATO, für Deutschland und für die Soldaten, die am Hindukusch sterben.

Volker Rühe, Verteidigungsminister a. D.

Ehrenspalier hinter dem Transportflugzeug der Luftwaffe am 28. August 2008. Einen Tag nach dem Anschlag auf die Bundeswehr im nordafghanischen Kunduz haben die Soldaten dort mit einer Trauerfeier Abschied von ihrem getöteten Kameraden genommen. Danach wurde der Leichnam zum Luftwaffenstützpunkt Termes in Usbekistan geflogen. Der getötete Hauptfeldwebel gehörte dem im pfälzischen Zweibrücken stationierten Fallschirmjäger-Bataillon 263 an.

Die Bilder gleichen sich, der Schmerz ist immer wieder neu: Nur zwei Monate nach dem Abschied von einem getöteten Kameraden tragen im Oktober 2008 erneut Ehrenposten die Helme und Ordenskissen zweier getöteter Soldaten auf dem Rollfeld in Kunduz zum Flugzeug.

Schweigeminute an der Rampe der Transall-Maschine auf dem Flugfeld Kunduz. Abschied von zwei deutschen Soldaten, die bei einem Selbstmordattentat ums Leben kamen.

Soldaten der internationalen Schutztruppe ISAF salutieren, als der erste der beiden Särge mit den zwei deutschen Soldaten bei einer Abschiedszeremonie am 9. März 2002 auf dem Flughafen von Kabul vorbeigetragen wird. Drei Tage nach dem tragischen Sprengunfall haben die Soldaten der ISAF in Kabul Abschied von ihren fünf getöteten Kameraden genommen.

Die Särge der zwei Deutschen und drei Dänen wurden im Regen durch tief hängende Wolken in einer Transall-Transportmaschine aus Afghanistan ausgeflogen.

Manchmal kann auch die Panzerung der Transportfahrzeuge keinen Schutz mehr bieten. Wenn ein Attentäter direkt neben dem Fahrzeug seine Sprengladung zündet, kann die Druckwelle auch Insassen töten.

Afghanische Sicherheitskräfte stehen in Kunduz vor den Resten des Fahrzeugs eines Selbstmordattentäters, der einen Bombenanschlag auf einen Konvoi von fünf Fahrzeugen der Bundeswehr verübte. Der Attentäter zündete den in seinem Fahrzeug versteckten Sprengsatz und sprengte sich auf Höhe der Patrouille in die Luft.

Die Särge von zwei bei einem Anschlag getöteten Soldaten werden am 24. Oktober 2008 in der Alexanderkirche in Zweibrücken nach der Trauerfeier hinausgetragen. An der Zeremonie nahmen Angehörige sowie Vertreter der Bundeswehr und der Bundespolitik teil. Die 25 und 22 Jahre jungen Soldaten des 263. Fallschirmjägerbataillons waren in der pfälzischen Stadt stationiert.

Am Karfreitag, den 2. April 2010, kommen bei Gefechten mit Taliban in der nordafghanischen Provinz Kunduz drei deutsche Soldaten ums Leben. Acht weitere Soldaten werden bei dem Gefecht verletzt, vier von ihnen schwer. Zwei Tage später laden Kameraden die Särge der Gefallenen in einen Helikopter.

Abschied von den Gefallenen am 9. April 2010 in der St.-Lamberti-Kirche im niedersächsischen Selsingen, wo die drei getöteten Soldaten stationiert waren. Das erste Mal in ihrer Amtszeit seit 2005 nimmt auch Bundeskanzlerin Angela Merkel an einer Trauerfeier für gefallene Bundeswehrsoldaten teil.

Zwei Soldaten im sogenannten großen Dienstanzug halten am 6. April 2010 Ehrenwache neben den Porträts der getöteten Soldaten. Die Bilder der Trauerfeier gehen durch die Medien. Der Krieg ist endgültig im öffentlichen Bewusstsein angekommen.

Stefan Kornelius, geboren 1965, ist seit 2000 Leiter des außenpolitischen Ressorts der »Süddeutschen Zeitung«. Er studierte in Bonn und London Politik, Geschichte und Staatsrecht und besuchte die Henri-Nannen-Journalistenschule in Hamburg. Seit 1987 ist er Mitarbeiter der »SZ« und war u. a. deren Korrespondent in Bonn, Washington und Berlin. Der Autor, Verfasser des Buches »Der unerklärte Krieg – Deutschlands Selbstbetrug in Afghanistan«, lebt in der Nähe von München.

Andreas Schindler, geboren 1963, ist seit 1990 Rettungsassistent. Als Zeitsoldat war er vier Jahre Sanitätstruppführer in einer Feldjägerkompanie. 1994 arbeitete er im Rahmen der internationalen Hilfe für Flüchtlinge aus Ruanda in Goma, Zaire. 2004 stieg er als Reserveunteroffizier wieder in den Sanitätsdienst der Bundeswehr ein und war im selben Jahr im Rahmen der ISAF-Mission im Bereich »Medizinische Evakuierung« und als Leiter der Notaufnahme des Bundeswehr-Rettungszentrums in Kunduz, Afghanistan, tätig. Er ist weiterhin aktiver Reservist im Sanitätsdienst der Bundeswehr. Von ihm stammen zahlreiche Fotos in diesem Buch.

Impressum

Abbildungen:
picture-alliance/dpa: Umschlag vorn und hinten, S. 13, 15, 17, 18, 22/23, 24/25, 26, 27, 28/29, 34/35, 36, 37, 40/41, 46, 48, 49, 50/51, 52/53, 59, 60, 61, 62, 63, 66, 67, 68, 69, 72, 73, 74, 75, 76, 77, 78/79, 80/81, 82, 83, 84/85, 86, 87, 88/89, 90, 91, 92, 93, 94, 95, 96, 97, 99, 116, 117, 118, 119, 120, 121, 122/123, 124, 125, 128/129, 130, 131, 132, 133, 134, 135, 136, 137, 138, 139, 140/141

Andreas Schindler: S. 9, 10, 11, 19, 30, 31, 32, 33, 38, 39, 42, 43, 44/45, 47, 54, 55, 56, 57, 64, 65, 70, 71, 98, 100, 101, 102/103, 104, 105, 106, 107, 108, 109, 110, 111, 112/113, 114/115

Karte S. 4/5:
Peter Palm, Berlin

Bildredaktion, Gestaltung und Satz: Indianapolis Books, Köln
www.indianapolis-books.de
Gesamtherstellung: VEMAG Verlags- und Medien AG, Köln
Printed in Germany

ISBN 978-3-7716-4459-8

www.fackeltraeger-verlag.de

Rückkehr in ein Land, das auf Kriegsheimkehrer nicht vorbereitet ist

»Ich krieg mich nicht mehr unter Kontrolle«
Kriegsheimkehrer der Bundeswehr

Hrsg. von Ute Susanne Werner
Gebunden, mit Schutzumschlag
288 Seiten
Format: 14 x 21,5 cm
ISBN: 978-3-7716-4438-3
€19,95 [D] / € 20,60 [A] / sFr 34,50

»Ich bin kälter geworden. Ich habe vieles in mich hineingefressen; so manches konnte ich erst nach dem Einsatz verarbeiten.«

»Wir wurden von allen Seiten beschossen und konnten uns nicht verteidigen.
Das nagt an einem, man fühlt sich irgendwie ausgeliefert.«

»Ich leide ganz extrem, wenn mein Sohn im Einsatz ist.«

»Wer im Einsatz war, egal wo, und nach Hause zurückkommt und sagt: Alles ist wie vorher, es hat sich nichts verändert – der lügt. Das gibt es nicht.«